Unser Abenteuer auf der Froschinsel

Written by Beth Berger Caldwell

STUDIO OF BOOKS
THE SPACE FOR YOUR MESSAGE

Studio of Books LLC

5900 Balcones Drive Suite 100
Austin, Texas 78731
www.studioofbooks.org
Hotline: (254) 800-1183

Bestellinformationen:

Für Firmen, Verbände und andere Organisationen bieten wir Mengenrabatte an. Für weitere Informationen wenden Sie sich bitte an den Verlag unter der oben angegebenen Adresse.

Gedruckt in den Vereinigten Staaten von Amerika.

ISBN-13: Softcover   978-1-968491-34-5
Hardback   978-1-968491-35-2
eBook   978-1-968491-36-9

Library of Congress Control Number: 2025915963

Ich möchte dieses Buch meinem wunderbaren Vater, Allen Berger, widmen. Sie waren immer unser größter Fan. Sie haben mein Leben wunderbar gemacht und mir gezeigt, dass ich alles erreichen kann, was ich mir vornehme. Ich möchte auch meinem Ehemann Robert Caldwell für die Bearbeitung der Bilder danken.

Dieses Buch gehört:

Das Abenteuer beginnt

Rana wacht auf und ruft Sunflower. Polli murmelt verschlafen: „Rana, was ist los?" „Hör mir zu, was ich Sunflower sage."

Daisy murmelt: „Es ist noch zu früh, um schon Anrufe zu bekommen." Als Sunflower ans Telefon geht, schreit sie: „Das ist hoffentlich wichtig!!!"

„Sunflower, hier ist Rana, es ist wichtig! Du und Daisy müsst sofort herkommen!!! Zieh dich an und komm schnell her!!!"

„Polli, zieh dich schnell an und bring Sunflower und Daisy sofort ins Clubhaus, sobald sie da sind." „Rana, was ist los?" „Polli, ich sag's dir, sobald alle da sind."

Sunflower versucht, Daisy aufzuwecken. „Daisy, aufwachen!! Aufwachen, Daisy!!" „Sunflower, geh weg, es ist noch zu früh zum Aufstehen", meckert Daisy.

„Ok, Daisy, dann verpasst du aber etwas, das nach einem tollen Abenteuer klingt", sagt Sunflower.

„Okay, Sonnenblume, ich steh schon auf", murmelt Daisy. „Meine Freunde werden von ihren Geschwistern mit dem Guten-Morgen-Lied geweckt. Und was krieg ich? Sparkles springt auf mich drauf und schreit mich an, ich soll aufstehen! KANNST DU DAS GLAUBEN???"

Rana geht ins Clubhaus und fängt an, die Karte zu zeichnen, die sie geträumt hat, wie sie zur Froschinsel kommen können.

Daisy klopft an die Haustür von Rana.

Daisy klopft weiter und sagt: „Ich hoffe, jemand macht auf, sonst ärgert sich Rana, dass wir so lange gebraucht haben."

Gizmo und Polli öffnen die Tür. Gizmo begrüßt
Daisy und Sunflower. „Wie geht's euch beiden?"

Sunflower: „Gizmo, danke, dass du uns die Tür geöffnet hast. Uns geht es gut, Rana hat uns gesagt, wir sollen uns beeilen und hierher kommen." Gizmo sagt: „Gern geschehen. Man weiß ja nie, was Rana vorhat. Ich rieche hier irgendetwas faul."

Polli sagt: „Rana, wir sind alle hier. Kannst du uns bitte sagen, was gerade los ist?"

Rana sagt: „Polli, Daisy und Sunflower, kommt rein und setzt euch, ich erzähle euch alles."

Rana fängt an, alles zu erklären. „Letzte Nacht habe ich von der Froschinsel geträumt. Die Frösche dort sind alle unterschiedlich groß und haben verschiedene Farben." Sunflower fragt: „Wie kommen wir dorthin?"

„Sunflower, wir haben noch einen langen Weg vor uns. Zuerst müssen wir zum Couch Mountain und ins Lava Valley", sagt Rana. Sunflower fragt Rana: „Wie lange brauchen wir bis dahin?" „Sunflower, zwischen den einzelnen Linien liegen eine Million Meilen, ich glaube, wir brauchen den ganzen Tag", antwortet Rana.

Polli sagt: „Wir dürfen die Snacks nicht vergessen, die können wir bei Doug im Diner holen." „Polli, ich finde auch, wir brauchen jede Menge Kekse und Süßigkeiten. Wir holen die Snacks", sagt Daisy. Polli sagt: „Sunflower und Rana, Daisy und ich sind in 10 Minuten zurück."

Als Polli und Daisy aus dem Clubhaus rennen,
rufen sie „Ok!".

Doug im Diner sagt: „Hey Polli und Flare. Was kann ich für euch tun?

Daisy sagt: „Hey Doug, wir brauchen jede Menge Snacks. Wir machen heute mit Sunflower und Rana ein großes Abenteuer. Wir müssen uns beeilen. Es wird den ganzen Tag dauern, bis wir dort sind, es ist Millionen von Kilometern entfernt."

Doug lächelt. „Polli, gib mir deinen Rucksack, ich packe ihn mit Snacks voll."

Doug kommt mit einem vollen Rucksack zurück. „Polli, hier ist dein Rucksack. Polli und Daisy, wenn ihr zurück seid, müsst ihr mir alles von eurem Abenteuer erzählen. Habt viel Spaß und passt auf euch auf.

Sailor Bear sagt: „Entschuldige, Doug, Kitty hat den Senf und den Ketchup auf ihren Schoß verschüttet.“

Als Rana und Sunflower aus dem Clubhaus kommen, sagt Rana zu Sunflower: „Ich habe Molly in der Werkstatt unser Auto überprüfen lassen." „Rana, das war eine super Idee."

Molly sagt: „Ich hab euer Auto gecheckt und alles sieht gut aus. Wo geht die Reise hin, Mädels?" Rana antwortet: „Molly, danke, dass du unser Auto gecheckt hast. Wir machen eine große Abenteuerreise." Sunflower mischt sich ein und sagt: „Wir machen eine Shopping-Abenteuerreise."

„Na dann, viel Spaß", sagt Molly, während sie weggeht. „Ich bin froh, dass das Auto in Ordnung ist. Rana, lass uns losfahren." „Polli und Daisy sollten bald zurück sein." „Rana, ich glaube, wir haben alles."

Polli und Rana kommen aus dem Diner zurückgerannt. Polli ruft: "Wir haben die Snacks, los geht's!!!"

Sobald Daisy und Polli im Auto sitzen, sagt Rana, während sie Polli und Daisy ihr Notizbuch und ihren Stift gibt: „Haltet das gut fest, das ist echt wichtig für unser Abenteuer."

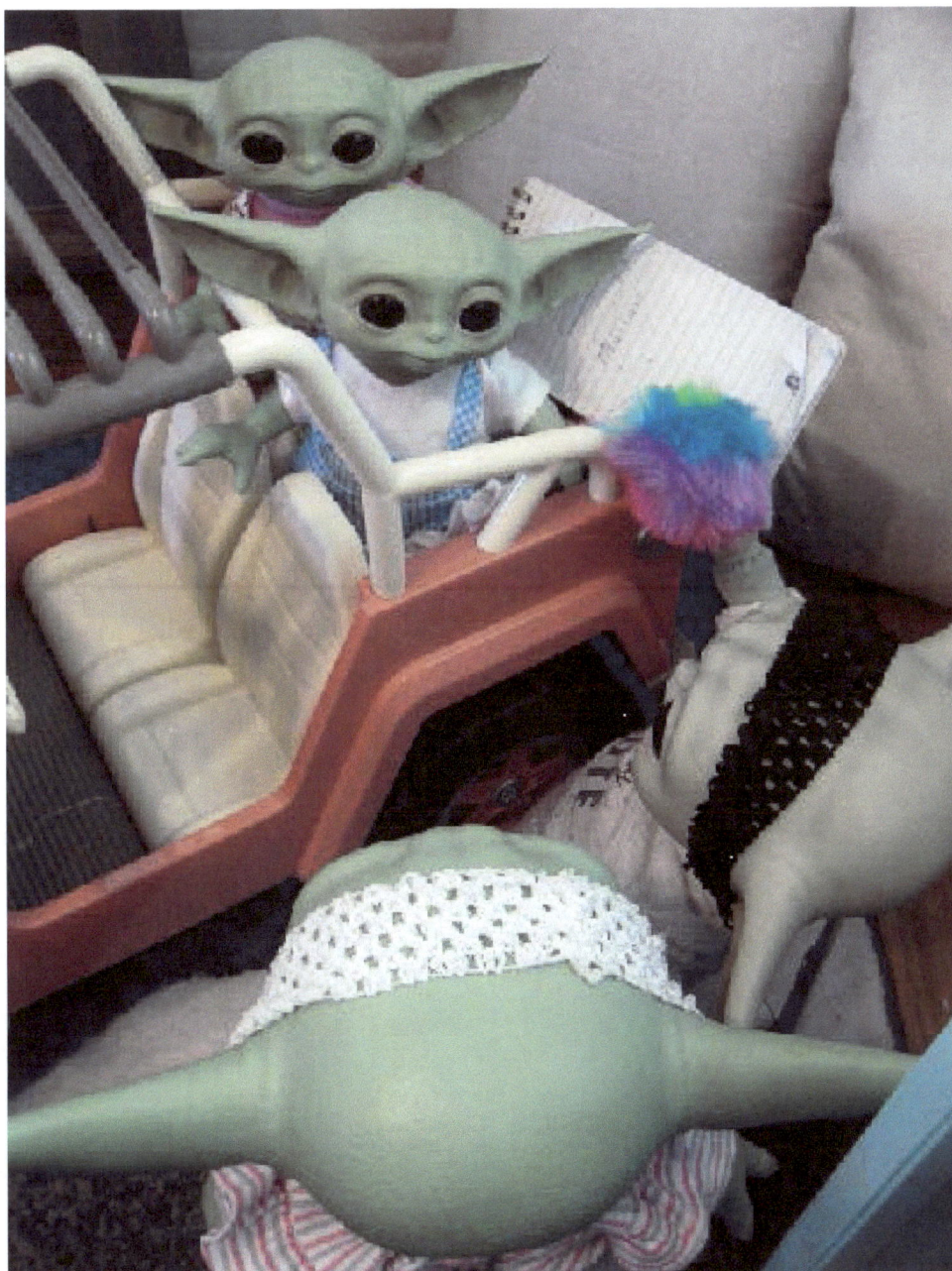

Sunflower fragt: „Seid ihr alle bequem? Wir haben eine lange Fahrt vor uns." Rana sagt: „Der erste Ort, zu dem uns die Karte führt, ist Couch Mountain."

Unsere Reise nach Couch Mount und darüber hinaus

Polli und Daisy jammern: „Wir fahren schon ewig. Sind wir endlich da?" Rana sagt: „Nein, Polli und Daisy, wir haben noch einen langen Weg bis zum Couch Mountain. Sucht doch mal nach einem großen Berg, der wie ein Sofa aussieht.

Daisy fragt: „Polli, sieht das da drüben wie
der Couch Mountain aus?" „Daisy, ich glaube
schon", antwortet Polli.

Polli und Daisy rufen: „Rana und Sunflower, wir sehen den Couch Mountain, er ist genau dort drüben!!!" Sunflower sagt: „Es ist ein bisschen neblig hier draußen." Sunflower sagt:

"I think it is safe to leave the car here."Sunflower, I agree the car will be fine here." Said Rana.

Rana sagt: „Nur noch mal zur Erinnerung, bevor wir aussteigen. Wir müssen den Couch Mountain und das Tal der Lava überqueren, um zur Höhle der Kissen zu gelangen. In meinem Traum müssen wir dorthin, um die Zauberstäbe zu holen." Rana erinnert alle daran: „Wir müssen immer auf den Bergen bleiben, sonst verbrennen wir in der Lava. Wir müssen vorsichtig sein."

Polli sagt: „Ich will zuerst." „Polli, halt dich gut am Seil fest. Es sollte einfach sein, es ist nicht so hoch, aber es ist steil", sagt Rana. Polli sagt: „Das war ein einfacher Aufstieg. Ich bin so froh, dass wir dieses rote Seil mitgebracht haben."

Daisy schreit: „Ich will als Nächste!!!" Sunflower sagt: „Daisy, sei vorsichtig. Nimm dir Zeit."

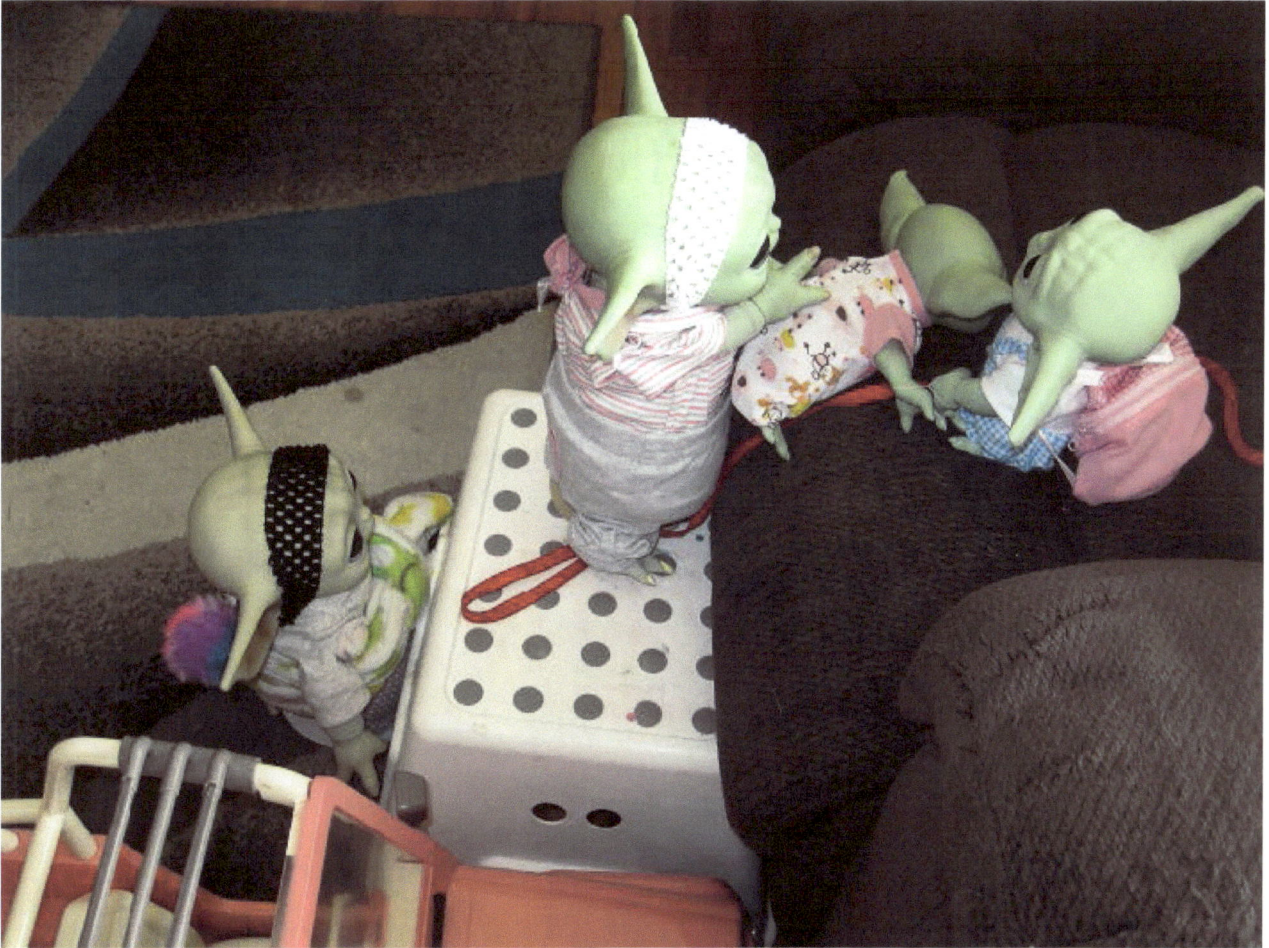

„Ach Sunflower, du machst dir zu viele Sorgen", sagt Daisy. Sunflower antwortet: „Ich hab da so ein komisches Gefühl."

Polli und Daisy sagen: „Sunflower, alles wird gut. Wie Polli gesagt hat, war es ganz einfach.“ Sunflower hat Schwierigkeiten, den Berg hinaufzukommen. Rana schlägt vor: „Ich binde das rote Seil um Sunflowers Taille. Polli und Daisy ziehen kräftig, und ich schiebe Sunflower nach oben.“

Sobald Sunflower auf dem Couch Mountain ist, klettert Rana hinauf, um sich den anderen anzuschließen.

„Polli und Daisy, ich finde auch, das war einfach", sagt Rana. „Jetzt müssen wir nur noch den Couch Mountain überqueren." „Polli und Daisy, ich finde auch, das war einfach", sagt Rana. „Jetzt müssen wir nur noch den Couch Mountain überqueren."

Sunflower sagt: „Polli und Daisy, geht nicht zu weit vor uns, wir wissen nicht, was da draußen ist." Polli flüstert Daisy zu: „Ich glaube, Sunflower macht sich viele Sorgen und hat vor allem Angst." Daisy flüstert zurück: „Ich weiß, dass sie das hat. Ich hoffe, dieses Abenteuer ändert das."

Rana sagt: „Wir sind am Ende der Couch. Jetzt müssen wir über die Deckenbrücke." Polli und Daisy rennen hin, um sich die Brücke anzusehen. Rana sagt: „Polli, halt dich gut fest und lass dir Zeit."

Polli rutscht über die Brücke und lacht die ganze Zeit. Polli ruft herüber: „Ich hab's geschafft, das hat so viel Spaß gemacht." „Daisy, das ist ganz einfach. Komm her!!"

Daisy schreit: „Ich will als Nächste!" Sunflower sagt Daisy, sie soll sich gut festhalten und vorsichtig sein.

Sunflower: „Daisy, ich habe dir gesagt, du sollst vorsichtig sein!!!!" Daisy antwortet: „Bin ich doch. Das macht so viel Spaß!!!!" Als Daisy auf der anderen Seite angekommen ist, schreit sie: „Ich habe es geschafft."

Polli und Daisy rufen: „Was macht ihr beiden denn so lange?" Rana schreit zurück: „Lasst uns in Ruhe, wir reden gerade."

Sunflower flüstert Rana zu: „Ich hab Angst, über die Brücke zu gehen, weil sie so hoch ist. Ich mag keine Höhen."

„Sunflower, schau einfach nicht nach unten und schau Daisy und Polli an, alles wird gut. Ich bin direkt hinter dir." Rana versucht Sunflower zu beruhigen.

„Okay, Rana, ich mach's", sagt Sunflower leise.

Sunflower fängt an zu schreien:
„AHHHHHHHHHHHHHH HELFT
MIR!!!!!! DAS IST NICHT RICHTIG!!!!!!"

Polli, Rana und Daisy feuern Sunflower an:
„Weiter so, Sunflower!!! Du machst das gut!!!
Du bist fast am Ziel!!!!"

Sunflower sagt: „Gott sei Dank habe ich es geschafft. Ich glaube, ich leg mich erst mal hin, bevor ich ohnmächtig werde. Sag mir Bescheid, wenn Rana da ist.

„Rana ruft: „Sunflower, mach es dir nicht zu bequem. Ich bin gleich da."

Sunflower murmelt immer wieder: „Das muss doch einfacher werden. Alles, was wir bisher gemacht haben, war echt beängstigend."

„Sunflower, das ist ganz einfach, wir überqueren nur das Stuhltal und dann ist der Tafelberg flach", sagte Polli. Sunflower meinte: „Ich kann die Kissenhöhle sehen, wir müssen nur herausfinden, wie wir dorthin kommen."

Sunflower wird lauter. „Polli und Daisy, hört auf zu spielen, ihr fallt noch runter." Polli sagt: „Keine Sorge, Sunflower, wir fallen nicht runter, wir halten uns fest. Wir können jederzeit runter springen, der Sand sieht weich aus."

Rana sagt: „Polli, Daisy und Sunflower, ich glaube,
wir können den Lampenbaum runterrutschen.
Das ist sicherer als runterzuspringen."

Sunflower geht näher an den Rand. „Rana, ich glaube nicht, dass es sicher ist, den Lampenbaum hinunterzurutschen, das ist ein langer Weg nach unten." Rana sagt: „Sunflower, du bist zu nah dran, du könntest vom Rand fallen!"

Rana, ich muss darauf bestehen, dass es einen sichereren Weg gibt, um da runterzukommen. Sunflower schaut wieder über den Rand, verliert das Gleichgewicht und fällt.

Sunflower schreit den ganzen Weg nach unten: „AHHHHHH HILFE!! AHHHHHH!!!!" Dann hören alle einen dumpfen Schlag und keine Schreie mehr. Plötzlich hört jeder Sunflower wieder schreien: „Warum steht ihr nur da??? Helft mir!!!!" Rana schreit zurück: „Sunflower, bist du okay?? Ich komme jetzt runter. Alles wird gut!" Rana eilt hinunter, um nach Sunflower zu sehen. Als Rana hinunterrutscht, verliert sie das Gleichgewicht und fällt zu Boden.

Sobald Rana merkt, dass alle okay sind, fängt sie an zu lachen. Sunflower: „Mir geht's gut, und Rana, hör auf zu lachen, wir hätten uns verletzen können!!!"

Daisy und Polli rufen: „Sunflower und Rana, seid ihr beide okay? Keine Sorge, wir kommen."

Polli und Daisy schauen sich an und zählen. Eins, zwei, drei, und beide lassen los, und wir landen in der Nähe von Rana und Sunflower oder direkt auf ihnen.

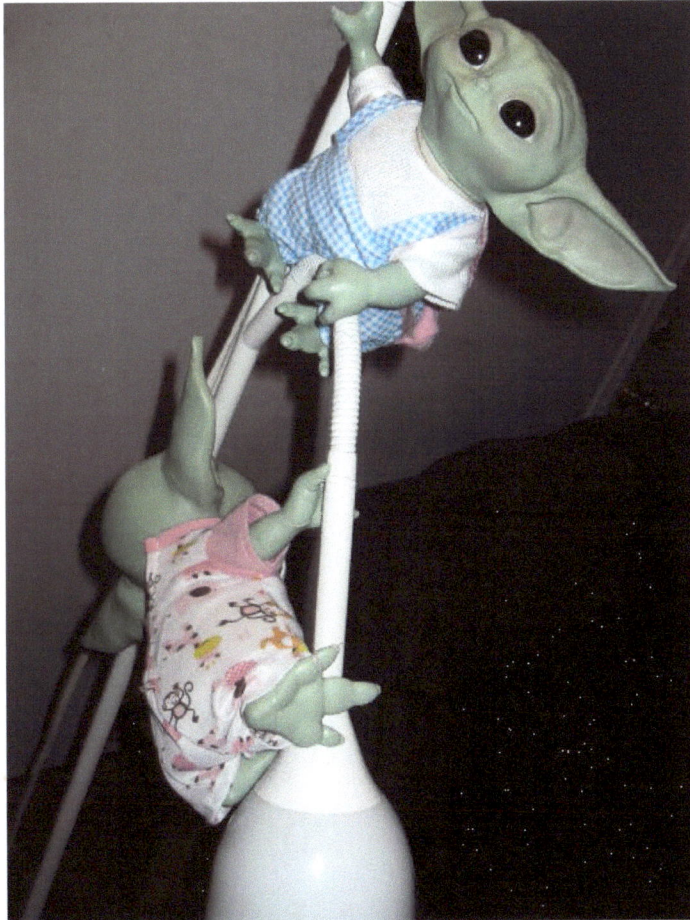

Sunflower schreit: „HÖRT IHR BEIDE AUF, HERUMZULAUFEN!! Kommt langsam und sicher runter!!"

Daisy schreit: „Zu spät, wir kommen!"

Polli fragt: „Daisy, vielleicht hätten wir auf unseren Füßen landen sollen." Polli und Flare fangen an zu lachen. Dann hören sie Sunflower: „Oh, warum ich??? Seid ihr alle verrückt geworden??

" Rana sagt: „Wenigstens haben wir es alle geschafft und sind okay."

Sunflower fragte: „Rana, meinst du, wir sollten so leichtsinnig sein?"

„Ach Sunflower, uns geht es doch allen gut, und Daisy und Polli haben Spaß.

DONOVAN DRAGON

Als wir uns der Pillow Cave nähern, sehen wir einen großen Drachen. Sunflower sagt: „Ich glaube, wir sollten da nicht reingehen, Rana, da ist ein Drache in der Höhle." „Sunflower, denk daran, ich bin auf dem Drachen meiner Mutter geritten. Das ist kein Problem, lass mich erst mal mit ihm reden."

Das Erste, was sie hören, ist: „Wer ist da?" „Hey, ich bin Rana. Das sind meine Freunde Sunflower, Daisy und meine kleine Schwester Polli." „Hey, ich bin Donovan Dragon."

Rana erzählt Donovan: „Ich habe letzte Nacht von der Froschinsel geträumt. Wir mussten hierherkommen, um die Zauberstäbe zu holen, die uns dorthin bringen. Weißt du etwas über Zauberstäbe?" „Ja, Rana, ich weiß, sie sind direkt über meiner Höhle. Ich helfe euch, sie zu holen, und dann erzähle ich euch alles über die Zauberstäbe und wie sie funktionieren. Polli und Daisy klettern auf mich und schnappen sich die Zauberstäbe", sagt Donovan.

Donovan fängt an zu lachen. „Polli, das kitzelt ein bisschen. Komm schon, Daisy, keine Sorge, ich tue dir nicht weh." Sunflower sieht besorgt aus. „Daisy und Polli, seid vorsichtig. Tut euch und Donovan nicht weh."

„Polli und Daisy rufen: „Wir haben sie!!!" Daisy sagt: „Achtung, wir kommen!!!!!" „Polli, wir sollten sie bei 3 herausziehen." „Daisy, weißt du, warum alle immer bei 3 etwas machen?", fragt Polli. „Polli, nein, ich weiß es nicht, lass uns sie bei 8 herausziehen", sagt Daisy. „Ok, klingt gut", sagt Polli. „Polli und Daisy sagen gleichzeitig: „Eins, zwei, drei, vier, fünf, sechs, sieben, acht!!!!!! Wir kommen!!!!!!"

Sunflower sagt: „Daisy und Polli, ihr müsst vorsichtiger sein, ihr hättet euch oder Donovan verletzen können." „Sunflower, mach dir keine Sorgen um mich, die Mädchen können mir nichts tun, vergiss nicht, ich bin ein Drache", sagt Donovan. „Ich erkläre euch, wie die Zauberstäbe funktionieren, während wir ein paar von diesen lecker aussehenden Keksen essen."

Donovan sagt: „Mit dem Schneeflocken-Zauberstab kannst du mit allen Leuten an kalten Orten reden und sie verstehen. Der Muschel-Zauberstab funktioniert so, dass du mit allen Leuten an warmen Orten reden und sie verstehen kannst."

„Ich kann das nicht oft genug sagen, das ist echt wichtig!!! Vergiss das bloß nicht. Wenn du den Schneeflocken-Zauberstab in einem warmen Gebiet im Süden benutzt, schneit es am Strand und die Delfine frieren. Wenn du den Muschel-Zauberstab im kalten Norden benutzt, kommt die Sonne raus und schmilzt das ganze Eis, sodass die Eisbären schwitzen."

Donovan isst einen Keks und fragt: „Versteht ihr, wie die Zauberstäbe funktionieren?" Polli sagt: „Der Muschelstab, den ich in der Hand halte, darf nur an warmen Orten benutzt werden."

Der Zauberstab mit dem Schneeflöckchen darf nur an kalten Orten benutzt werden." Daisy. „Polli und Daisy, ihr habt beide recht

Sunflower sagt: „Donovan, danke für deine Hilfe. Wie du weißt, haben wir noch einen langen Weg vor uns, also müssen wir uns auf den Weg machen."

Donovan fragt: „Wollt ihr mein Boot benutzen?"

Sunflower antwortet: „Ja, das würde uns sehr helfen. Wir haben nicht daran gedacht, wie wir auf die Insel kommen sollen. Wie sollen wir es dir zurückbringen?"

Donovan antwortet: „Ich weiß, dass ihr Mädchen es mir sicher zurückbringen werdet. Genießt einfach euer Abenteuer."

Polli und Daisy steigen als Erste ins Boot. „Rana, du hast mich geschubst!", beschwert sich Polli. „Mir ist ein bisschen schlecht."

Rana antwortet: „Polli, ich habe dich nicht geschubst ... Oh

Polli, warum musstest du pupsen?

Polli kichert: „Sorry, Rana, ist mir einfach rausgerutscht. Aber jetzt geht es meinem Magen besser." Rana sagt angewidert: „Polli, ich freu mich für dich, jetzt steig endlich ins Boot."

„Ok, Rana, ich setz mich hinten rein, falls ich noch mal pupse."

Donovan sagt zu Daisy: „Trag diese Halskette. Wenn du mal meine Hilfe brauchst, halt sie einfach in die Sonne, dann komme ich und helfe dir."

„Danke, Donovan. Ich werde gut auf diese schöne Halskette aufpassen", sagt Daisy. „Donovan, ich finde, Polli sollte sie zur Sicherheit in ihren Rucksack stecken."

„Polli, du würdest deinen Kopf vergessen, wenn er nicht festgewachsen wäre", sagt Daisy.

Polli antwortet: „Vielleicht sollte ich nach vorne gehen, damit mir nicht schlecht wird."

Die Mädels segeln von Donovan weg. Polli guckt immer wieder auf die Halskette und denkt, dass es Zeit ist, sie in ihren Rucksack zu stecken, damit sie nicht verloren geht. „Polli, ich finde, das ist eine gute Idee", sagt Rana.

„Das ist so hübsch, das musste ich einfach anprobieren", sagt Donovan. „Seid vorsichtig und viel Glück!", rufen die Mädchen im Chor. „Wir werden vorsichtig sein. Danke für alles. Tschüss, Donovan."

WEIHNACHTS BAUMINSEL

Sunflower sagt: „Schaut mal da drüben, die funkelnden Lichter in der Ferne, das muss Christmas Tree Island sein. Ich wünschte, wir könnten schneller fahren, ich liebe funkelnde Dinge." Rana, Daisy und Polli sagen alle zusammen: „Wir wissen, wie du dich fühlst." Alle lachen.

„Oh, Rana, kannst du bitte schneller fahren!!! Ich muss näher ran, um all die funkelnden Sachen zu sehen, sonst platzt mir noch der Kopf!!!", schreit Sunflower. Polli, Rana und Daisy lachen. Daisy sagt: „Das würde ich auch gerne sehen."

Als wir auf der Weihnachtsbauminsel ankommen, sind wir uns alle einig, dass wir hier eine Weile bleiben wollen. Rana sagt: „Wir müssen zusammenbleiben, es gibt so viele glitzernde Sachen zu sehen."

Daisy sagt: „Ich glaube, wenn wir uns hinlegen, können wir alle Lichter besser sehen." Rana sagt: „Denk dran, wir können nicht zu lange bleiben, wir haben noch einen langen Weg vor uns."

Rana hört was aus dem Meer kommen und steht gerade noch rechtzeitig auf, um zu sehen, wie ein Hummer auf seinem Schlitten, gezogen von Rentieren, an den Strand fährt. Rana winkt mit dem Zauberstab, während sie an den Strand surfen.

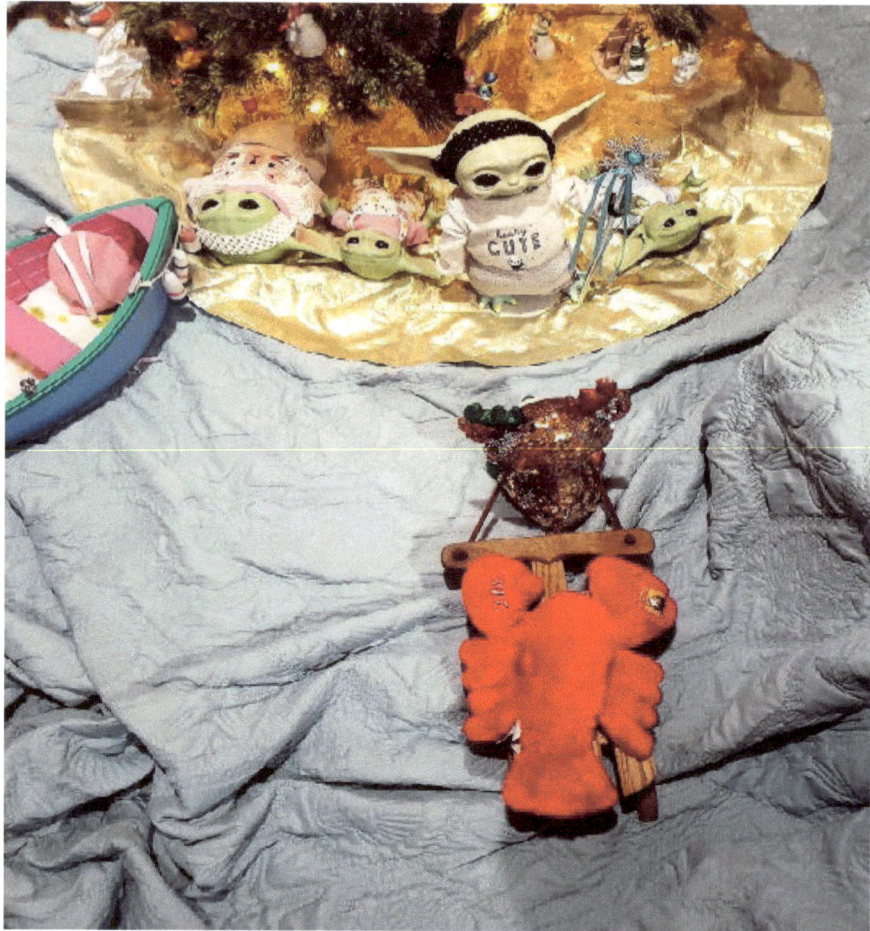

Hey, ich bin Rana." „Hey Rana, ich bin Allen, und das ist Glitter. Was macht ihr auf unserer Insel?" „Allen, wir haben die schönen Lichter gesehen und wollten sie uns genauer anschauen. Das sind meine Schwester Polli, meine beste Freundin Sunflower und ihre Schwester Daisy. Wir sind auf dem Weg zur Froschinsel."

Allen fragt: „Möchtet ihr Mädels mit uns am Feuer eine heiße Schokolade trinken?" Sunflower antwortet: „Das wäre sehr nett. Danke. Polli, hol bitte unsere Kekse, damit wir sie mit unseren neuen Freunden teilen können."

Während alle ihre heiße Schokolade und Kekse genießen, schaut Polli den Berg hinauf und sieht etwas, das sie anstarrt. Polli fragt: „Allen, wer ist das auf dem Berg, der uns beobachtet?" Allen antwortet: „Polli, mach dir keine Sorgen, das ist Bilbo vom Berg. Er bleibt einfach auf dem Berg und beschützt uns. Er glaubt, er sei der König dieser Insel, und wenn er jemanden kommen sieht, bellt er, um die Leute zu verscheuchen. Das heißt, wenn er nicht gerade ein Nickerchen macht." Alle kichern.

Daisy sagt: „Allen und Glitter, eure Insel ist wunderschön und mit einem riesigen Weihnachtsbaum muss es toll sein, dort zu leben. Ich glaube, der Weihnachtsmann würde es hier lieben." Allan: „Danke, Daisy", und sagt: „Der Weihnachtsmann und Frau Claus kommen einmal im Jahr zu Besuch. Normalerweise im Januar, um sich zu entspannen."

Glitter sagt leise: „Ich liebe es, Claus zu sehen, und ich vermisse es, mit ihnen zu leben.

Sunflower fragt: „Wenn du sie so sehr vermisst, warum bist du dann hierher gezogen?"

„Sunflower, ich bin eines von Santas fliegenden Rentieren, aber ich hab Höhenangst. Ich liebe es aber, im Meer zu schwimmen und zu spielen. Ich hab echt Glück, dass Allen mich gefragt hat, ob ich hier bei ihm leben will. Ich fühl mich schlecht, weil ich Höhenangst hab."

Sunflower sagt: „Ich hab auch Höhenangst."
„Sunflower, glaubst du, dass die Leute dich wegen deiner Angst komisch finden?", fragt Glitter. Sunflower sagt: „Glitter, meine Freunde helfen mir mit meiner Angst und geben mir das Gefühl, dass das okay ist. Rana hat mir sogar geholfen, eine Deckenbrücke zu überqueren, damit wir unser Abenteuer beginnen konnten." „Glitter, es ist okay, Höhenangst zu haben, niemand macht sich über dich lustig", sagt Sunflower.

Allen mischt sich ein und sagt: „Glitter, soweit ich weiß, hat sich niemand über deine Angst lustig gemacht, alle wollen, dass du glücklich bist. Ich bin sogar echt froh, dass du hierher gezogen bist."

Nachdem Allen sich zu den anderen gesellt hat, fragt er: „Wie lange sucht ihr schon nach der Froschinsel?

Rana sagt: „Wir haben Donovan Dragon gerade verlassen, bevor wir hier angekommen sind. Ich hoffe, wir sind auf dem richtigen Weg." Allen bestätigt: „Ihr seid in der richtigen Richtung. Fährt einfach weiter nach Süden. Ich war noch nie dort. Es ist zu weit weg, um dort zu surfen." Polli fragt: „Weißt du, wie man dorthin kommt?" Allen antwortet: „Ich weiß es nicht, aber Orson Orca könnte es wissen, er ist viel unterwegs." „Ich weiß, dass Mr. und Mrs. Claus es wissen würden, aber sie sind letzte Woche abgereist", sagt Glitter.

Rana sagt: „Es war toll, euch kennenzulernen, aber ich glaube, wir müssen los. Vielen Dank für alles, Allen und Glitter."

Alle verabschieden sich. Als wir von der Weihnachtsbauminsel wegfahren, winken wir unseren neuen Freunden Allen und Glitter zum Abschied. Rana sagt: „Es war toll, euch kennenzulernen, aber ich glaube, wir müssen jetzt weiter. Danke für alles, Allen und Glitter."

ORCA ORSON

Sunflower sagt: „Wir müssen weiter nach Orson suchen."

Daisy und Polli fragen: „Sind wir schon da?"

„Daisy und Polli, wir suchen einen Orca. Das ist kein Ort. Ihr wisst doch, was ein Orca ist, oder?", fragt Rana.

Polli antwortet mit gekränkter Stimme: „Ja, wir wissen, was ein Orca ist. Das ist ein großer schwarz-weißer Wal. Er gehört zur gleichen Familie wie Delfine und Grindwale."

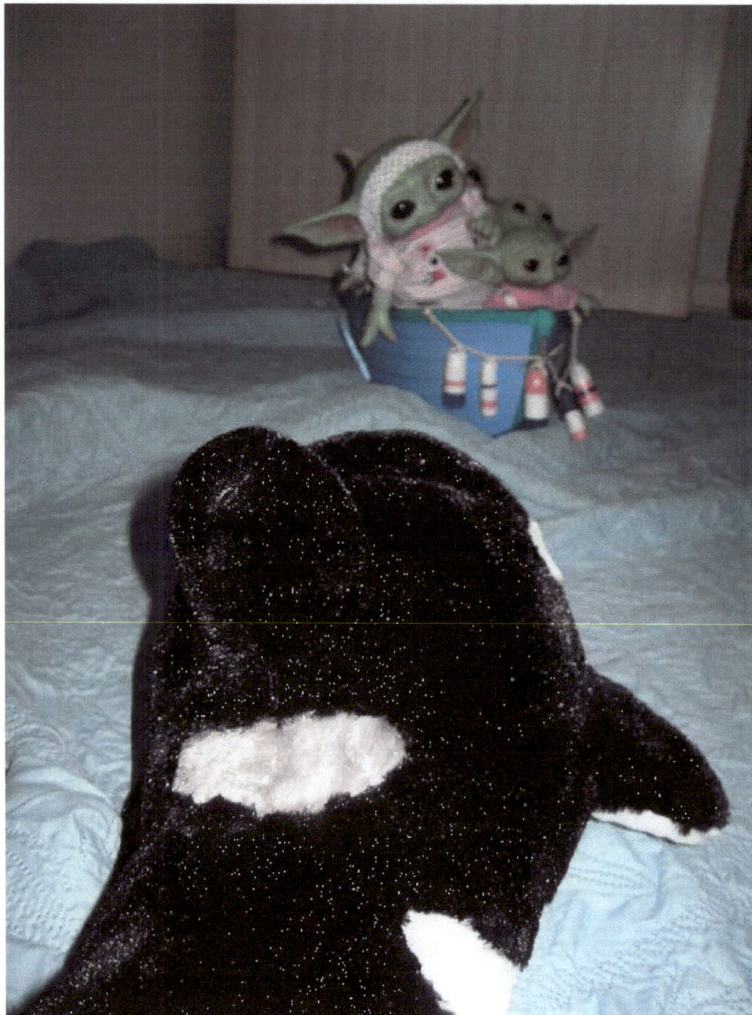

Sunflower ruft: „Ich glaube, ich sehe Orson dort drüben." Rana ruft: „Bist du Orson, der Orca?" Daisy winkt mit dem Zauberstab, als Orson zu ihnen schwimmt. „Ja, ich bin Orson, wie kann ich euch helfen, Mädels?"

Alle sagen gleichzeitig: „Wir suchen die Froschinsel." Sunflower sagt: „Wir haben schon lange gesucht und wissen immer noch nicht, wo sie ist."

Orson sagt: „Ich weiß nicht, wo es ist. Aber meine Freundin Prinzessin Trish war schon mal dort. Ich kann euch zu ihrer Insel bringen."

Orson fängt an zu schwimmen. Rana ruft: „Orson, du schwimmst aber schnell. Orson, bitte schwimm langsamer, damit wir dich einholen können."

Orson dreht sich um. „Tut mir leid, ich weiß nicht, wie schnell ich schwimme. Habt ihr irgendwas, das ich am Boot festbinden kann, damit ich euch ziehen kann?" Daisy sagt: „Wo ist das rote Seil, das wir am Couch Mountain benutzt haben? Das sollte funktionieren."

„Hier ist es", sagt Daisy, „ich werfe es dir zu, Orson." „Danke, Daisy, seid ihr bereit? Los geht's, auf die Plätze, fertig, los", sagt Orson.

Orson ruft: „Seid ihr bereit?" „Ja!", ruft Rana. Orson ruft: „Auf die Plätze!" Daisy ruft: „Los!"

Sunflower ruft: „Halte durch, Polli!" „Keine Sorge, Sunflower, mir geht es gut", sagt Polli.

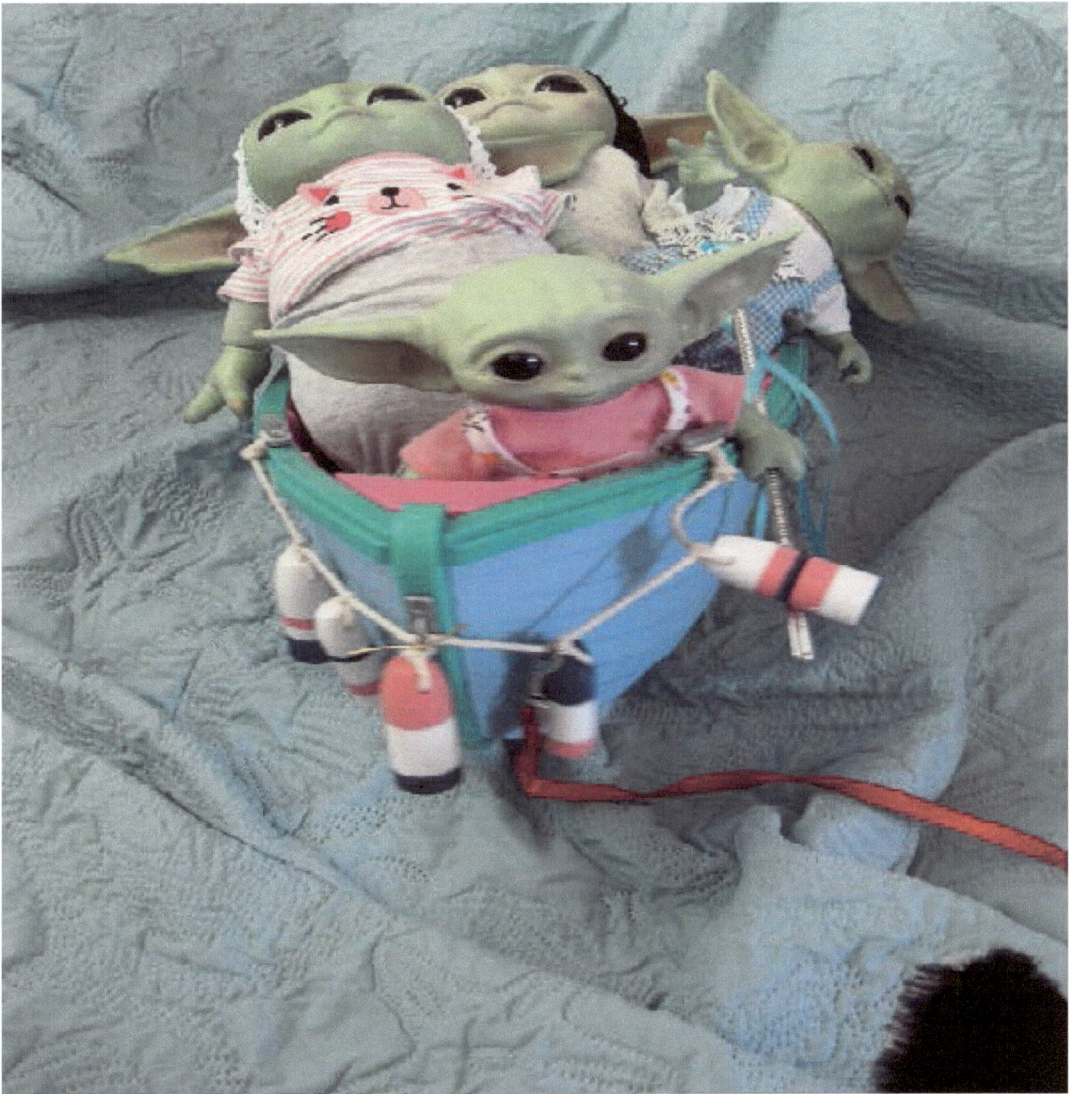

„Das macht so viel Spaß, ich glaube, ich bin noch nie so schnell gefahren." „Polli, ich finde auch, ich hoffe, wir können noch lange so schnell fahren", sagt Daisy.

Die Insel ist genau dort drüben. „Orson, vielen Dank, dass du uns hierher gebracht hast", sagt Sunflower. „Mädels, gern geschehen, viel Spaß bei eurem Abenteuer."

Die Mädchen sagen alle zusammen: „Das werden wir, und nochmals vielen Dank, Orson. Wir hoffen, dich bald wiederzusehen."

PINGUINPRINZESSIN TRISH

Polli lehnt sich über den Rand des Bootes und sagt: „Ich muss hier sofort raus." Rana fragt: „Polli, alles okay? Warum so die Eile?" „Rana, ich hab einfach so einen Hunger, ich will unsere Snacks holen." „Polli, in ein paar Minuten können wir alle aus dem Boot raus, so lange kannst du doch warten, oder?" sagt Rana und schüttelt den Kopf.

Sobald wir auf der Insel sind, winkt Daisy mit dem Zauberstab. „Hallo, ich bin die Pinguinprinzessin Trish und das ist meine Freundin, die Bärin Dottie."

„Hey, ich bin Sunflower, das ist Polli, meine kleine Schwester Daisy und Rana. Orson Orca hat gesagt, du kannst uns helfen, zur Froschinsel zu kommen. Wir versuchen, dorthin zu gelangen", sagt Prinzessin Trish.

„Ich erzähle euch gerne, was ich über die Froschinsel weiß. Kommt doch zum Mittagessen zu uns. Es gibt Fisch", sagt Rana. „Wir lieben Fisch."

Prinzessin Trish fragt: „Wo kommt ihr Mädchen her?" Rana antwortet: „Wir wohnen in Colorado."

Polli mischt sich ein: „Wir hatten eine lange Fahrt zum Couch Mountain und es war cool, dass wir eine Deckenbrücke runterrutschen konnten." Prinzessin Trish sagt: „Eine Deckenbrücke klingt gruselig."

Daisy sagt: „Dann sind wir zur Kissenhöhle gegangen und Donovan Dragon hat uns Zauberstäbe gegeben, damit wir mit allen reden konnten."

Prinzessin Trish sagt: „Ihr Mädchen habt ja ein richtiges Abenteuer erlebt."

Sunflower sagt: „Wir waren auch auf der Weihnachtsbauminsel." „Hast du meine Freunde Allen und Glitter gesehen?", fragt Prinzessin Trish.

Prinzessin Trish sagt: „Ja, Sunflower, ich war schon mal auf der Insel, es war so toll dort. Die Frösche sind sehr nett, sie lieben es, Hüpfspiele zu spielen.“

Rana fragt: „Weißt du, wie man dorthin kommt?“ Die Mädchen segeln von Donovan weg. Polli schaut immer wieder auf die Halskette und findet, dass es Zeit ist, sie in ihren Rucksack zu stecken, damit sie nicht verloren geht. „Polli, ich finde, das ist eine gute Idee“, sagt Rana.

„Ja, das haben wir. Sie sind sehr nett. Er hat uns gesagt, wir sollen mit Orson Orca sprechen. Dann haben wir Orson gefunden. Er hat uns zu deiner Insel gebracht, kannst du uns helfen?“, sagt Sunflower

Prinzessin Trish senkt den Kopf: „Leider nicht. Ich bin eines Tages beim Schwimmen in eine Strömung geraten und dort gelandet. Es macht mich traurig, dass ich den Weg zurück nicht gefunden habe."

Sunflower sagt: „Es tut mir leid, Prinzessin Trish. Möchtest du mitkommen? Das ist euer Abenteuer. Ihr Mädchen müsst das alleine machen. Dottie und ich nehmen dein Angebot an, wenn ihr das nächste Mal kommt", sagt Prinzessin Trish.

Rana sagt: „Ich will das nicht sagen, aber wir müssen los, wir haben noch einen langen Weg vor uns." Prinzessin Trish und Dottie sagen: „Tschüss, Mädels, passt auf euch auf. Wartet, ich hätte fast vergessen, dass mein Freund Chester Crab auch dort war, er kennt vielleicht den Weg." „Tschüss, Prinzessin Trish und Dottie. Vielen Dank für alles", sagen Rana, Sunflower Polli und Daisy gemeinsam

Sunflower schreit: „Daisy!!! Komm sofort zurück ins Boot!!!! Jetzt wirst du nass!!! Was hast du dir dabei gedacht???? Daisy schreit zurück: „Sunflower, du hast mich aus dem Boot geschubst!!"

Oh, Daisy, es tut mir so leid, kannst du mir verzeihen?" „Sunflower, ich verzeihe dir", sagt Daisy.

Polli sagt: „Rana, wir haben ein paar tolle Freunde kennengelernt und würden uns wünschen, dass sie alle mit uns auf dieses Abenteuer kommen könnten." „Polli, wir bräuchten ein größeres Boot. Aber es wäre bestimmt lustig. Wir sehen sie bestimmt wieder", sagt Rana.

PIRATENKÖNIG LARS UND DIE MEERJUNGFRAUENINSEL

Polli sagt: „Ich glaube, ich sehe die Krabbe Chester." Polli winkt mit dem Muschelstab und ruft ihn.

Die Krabbe Chester schwimmt zum Boot. Chester fragt: „Warum habt ihr mich hergerufen? Ich hab noch was Wichtiges zu tun." „Wir haben uns gefragt, ob du uns helfen kannst, zur Froschinsel zu kommen. Prinzessin Trish hat gesagt, du warst schon mal dort", sagt Polli. Die Krabbe Chester, die ziemlich mürrisch ist, sagt: „Ich war einmal dort und will nicht mehr zurück, diese dummen

Frösche wollen einfach nur herumhüpfen und die ganze Zeit spielen." Als Chester davonschwimmt, rufen die Mädchen: „Danke, Chester, und gute Reise!"

Als Chester außer Hörweite ist, lachen die Mädchen darüber, wie mürrisch Chester ist. Polli sagt: „Na ja, Chester ist eben eine Krabbe." Alle lachen.

Die Mädchen sehen eine Meeresschildkröte vorbeischwimmen. Rana winkt mit dem Zauberstab. „Hey, kannst du uns helfen?" „Hey, ich bin Rylee. Wie kann ich euch helfen?" Rana sagt: „Hey Rylee. Ich bin Rana, das sind Sunflower, Polli und Daisy. Wir versuchen, zur Froschinsel zu kommen, weißt du, wie man dorthin kommt?" Rylee antwortet: „Es tut mir so leid, ich weiß nicht, wie man dorthin kommt Aber Pirat Lars am Totenkopf-Felsen weiß es vielleicht."

Sunflower fragt: „Rana, ist das da drüben der Totenkopf-Felsen?" „Ich glaube schon, Sunflower. Ich glaube, das ist Lars, der aus dem Totenkopf kommt", sagt Rana. „Fragen wir den Piraten, ob er Piratenkönig Lars ist und ob er uns helfen kann."

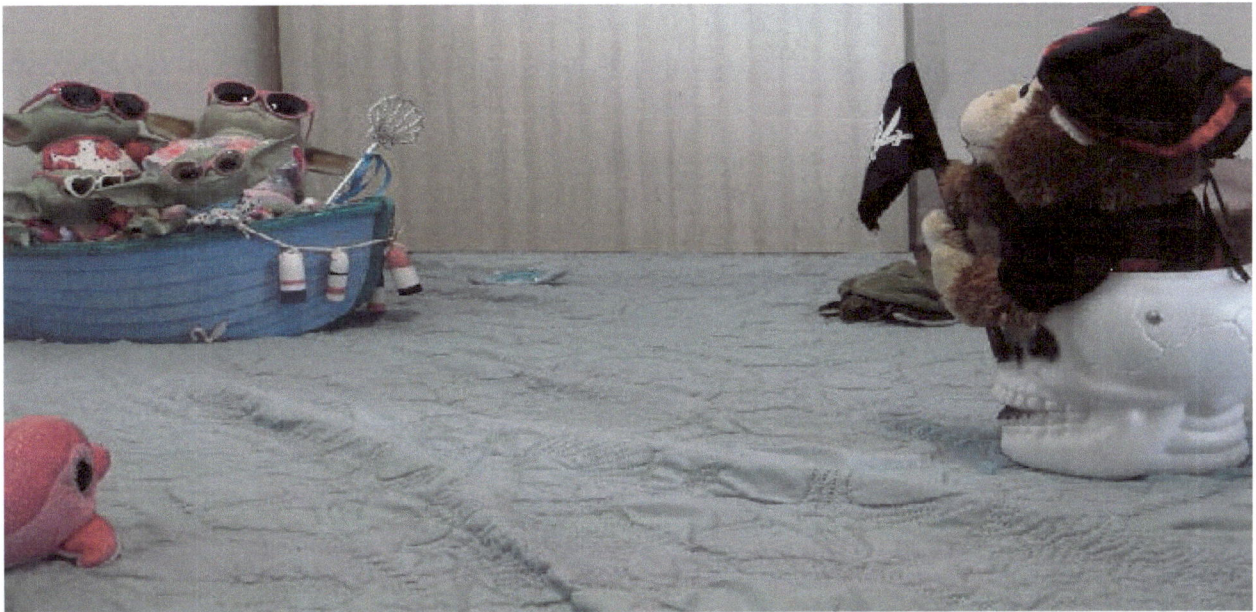

Als sie sich dem Totenkopf-Felsen nähern, hören sie: „Was macht ihr denn hier?" Fragt Piratenkönig Lars. Sunflower fragt: „Bist du Piratenkönig Lars?" „Ja, das bin ich, ihr könnt mich Lars nennen. Darf ich fragen, wer ihr seid?"

„Ich bin Sunflower, das sind Daisy, Polli und Rana. Schön, dich kennenzulernen, Lars. Wir suchen die Froschinsel und hoffen, du kannst uns helfen?" Lars antwortet: „Ich habe meinen Felsen seit vielen Jahren nicht verlassen.

Die Meerjungfrauen auf der Elefanteninsel wissen vielleicht Bescheid. Fährt einfach weiter nach Süden. Die Elefanteninsel ist kaum zu übersehen." „Danke für deine Hilfe, Lars. Wir hoffen, dich wiederzusehen", sagt Sunflower.

Daisy schreit: „Ich sehe dort drüben die Meerjungfrauen!"

Als wir uns der Elefanteninsel nähern, winkt Sunflower mit ihrem Muschelstab. „Hallo, ich bin Natalee. Das sind Laura Bär und Bernadette." „Hallo! Ich bin Rana, das sind Sunflower, Daisy und Polli. „ Bernadette sagt: „Schön, euch kennenzulernen. Bitte nennt mich Bernnie."

„Hast du vielleicht Cola zum Trinken?" „Oh Bernnie, du hast Cola im Kopf", sagt Natalee. „Polli sagt: „Leider haben wir keine Cola."

„Wisst ihr, wie man zur Froschinsel kommt?", fragte Sunflower. „Leider nicht, Mädels, wir wissen nur, dass es ein Mythos ist. Vielleicht weiß Niko, der Delphin, er schwimmt ja überall herum", sagte Natalee.

„Trotzdem danke", sagt Rana. „Tschüss Laura, Natalee und Bernnie. Hoffentlich können wir euch mal wieder besuchen kommen", sagen die Mädchen alle zusammen. „Tschüss Mädels. Passt auf euch auf", sagt Laura.

DELPHIN NIKO

Nachdem es eine Ewigkeit zu dauern scheint und sie nichts als Wasser sehen, jammert Rana: „Mir ist so langweilig, es passiert nichts." Sunflower sagt: „Rana, uns geht es allen genauso."

Polli sagt: „Ich glaube, ich sehe den Delphin Niko."
Rana winkt mit dem Muschelstab. „Bist du Niko?

„Hallo, ich bin Niko, der Delphin." „Hallo, ich bin Polli, das sind Daisy, Sunflower und Rana."

„Die Meerjungfrauen haben uns gesagt, dass du uns vielleicht helfen kannst, zur Froschinsel zu kommen", sagt Rana. Niko antwortet: „Ich weiß, wie man zur Froschinsel kommt. Ich hab leider keine Zeit, mit euch mitzukommen, aber ich kann euch zu der Stelle bringen, wo die Strömung euch dorthin bringt." „Niko, das wäre super. Vielen Dank für deine Hilfe", sagen die Mädchen alle zusammen.

Polli und Daisy fragen: „Niko, können wir auf deinem Rücken reiten?" Niko sagt: „Klar, springt auf, ich schwimme nicht zu schnell, damit ihr mithalten könnt."

Polli und Daisy lachen und kreischen die ganze Zeit. Sunflower ruft: „Daisy und Polli, haltet euch fest!" Sunflower und Rana hören nur, wie Polli und Daisy sagen, wie viel Spaß sie haben.

Niko bringt die Mädchen zum Anfang der Strömung. Niko hilft Polli und Daisy zurück ins Boot. Niko sagt: „Die Froschinsel liegt ganz im Süden, am Ende der Strömung. Ihr müsst warten, bis ihr das Kreuz des Südens am Himmel sehen könnt, dann beginnt die Strömung. Wenn ihr euch verirrt, können euch die Stachelrochen oder die Schildkröten helfen, sie spielen gerne in der Strömung. Ich hoffe, das hilft euch, Mädchen. Ihr müsst in der Strömung sehr vorsichtig sein, sie wird stark und wird euch im Boot hin und her werfen."

„Danke, Niko, bis bald", sagen die Mädchen alle zusammen.

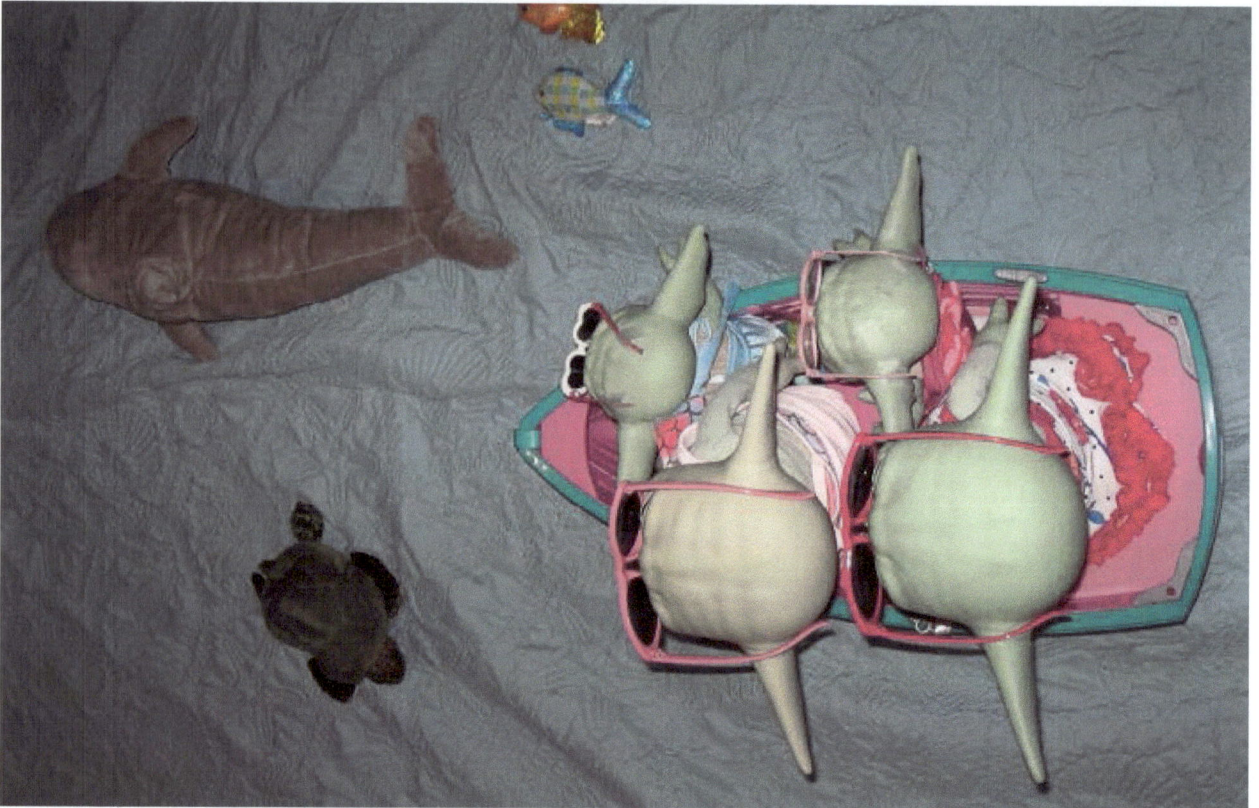

Das Kreuz des Südens

„Wow, schau mal da, ein wunderschöner Tigerfisch!", ruft Polli. „Das ist einer der schönsten Fische, die ich je gesehen habe", sagt Daisy.

Rana fragt: „Wie lange glaubst du, dauert es, bis das Kreuz des Südens aus dem Wasser auftaucht?" Daisy antwortet: „Ausnahmsweise wissen wir mal etwas, was sie nicht wissen."

„Wollt ihr es uns endlich sagen?"

„Also, es ist das Sternbild Kreuz des Südens, das aus vier hellen Sternen in Form eines Kreuzes besteht", sagt Polli. „Man kann es nur auf der Südhalbkugel sehen." „Danke, Daisy und Polli. Ich denke, wir sollten dich nicht dafür aufziehen, dass du immer in Astronomiebüchern liest", sagen Sunflower und Rana.

Sunflower sagt: „Ich glaube, wir müssen uns was überlegen, damit wir im Boot bleiben können. Rana, meinst du, wir können uns alle zusammenbinden?" „Sunflower, das ist eine super Idee. Wir können die Decke nehmen. Polli, leg die Kette an, die Donovan uns gegeben hat", sagt Rana. Polli sagt: „Das mache ich. Wird es so schlimm?" „Polli, ich denke, wir müssen einfach vorsichtig sein", sagt Rana.

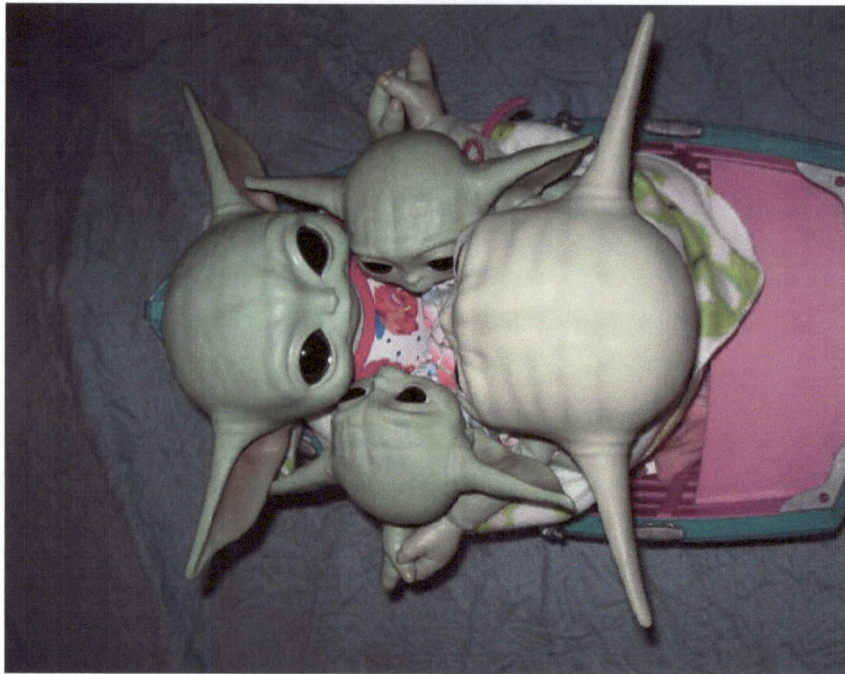

Rana und Sunflower halten sich an den Händen, um Daisy und Polli extra zu schützen. „Fühlen sich alle wohl? Ich weiß nicht, wie lange wir so bleiben müssen. Ich denke, in der Strömung sind wir sicher", sagt Rana.

Sunflower fragt: „Wie schlimm wird es wohl noch werden?" „Sunflower, ich denke, wir sollten lieber auf Nummer sicher gehen.
Denk daran, dass Pinguinprinzessin Trish das ohne Boot und ganz allein geschafft hat. Uns wird nichts passieren", sagt Rana.

„WOW! Schau mal, das Kreuz am Himmel, ist das schön!", sagt Sunflower

„Sunflower, ich kann es hinter mir nicht sehen. Haltet euch alle gut fest", sagt Rana

Plötzlich packt die Strömung das Boot!
„HALTET EUCH FEST!!!!! HALTET EUCH
FEST!!!!", schreit Rana.
„Es kommt mir vor, als würden wir schon seit
Tagen herumgeschleudert werden. Wann sind
wir wohl aus der Strömung raus?", fragt Polli.
„Keine Ahnung", sagt Rana.
„Wir schaffen das zusammen."

„Rana, ich glaube, wir fallen über Bord!!!", schreit Sunflower.

„Sunflower, alles wird gut, halt dich fest!!!", schreit Rana.

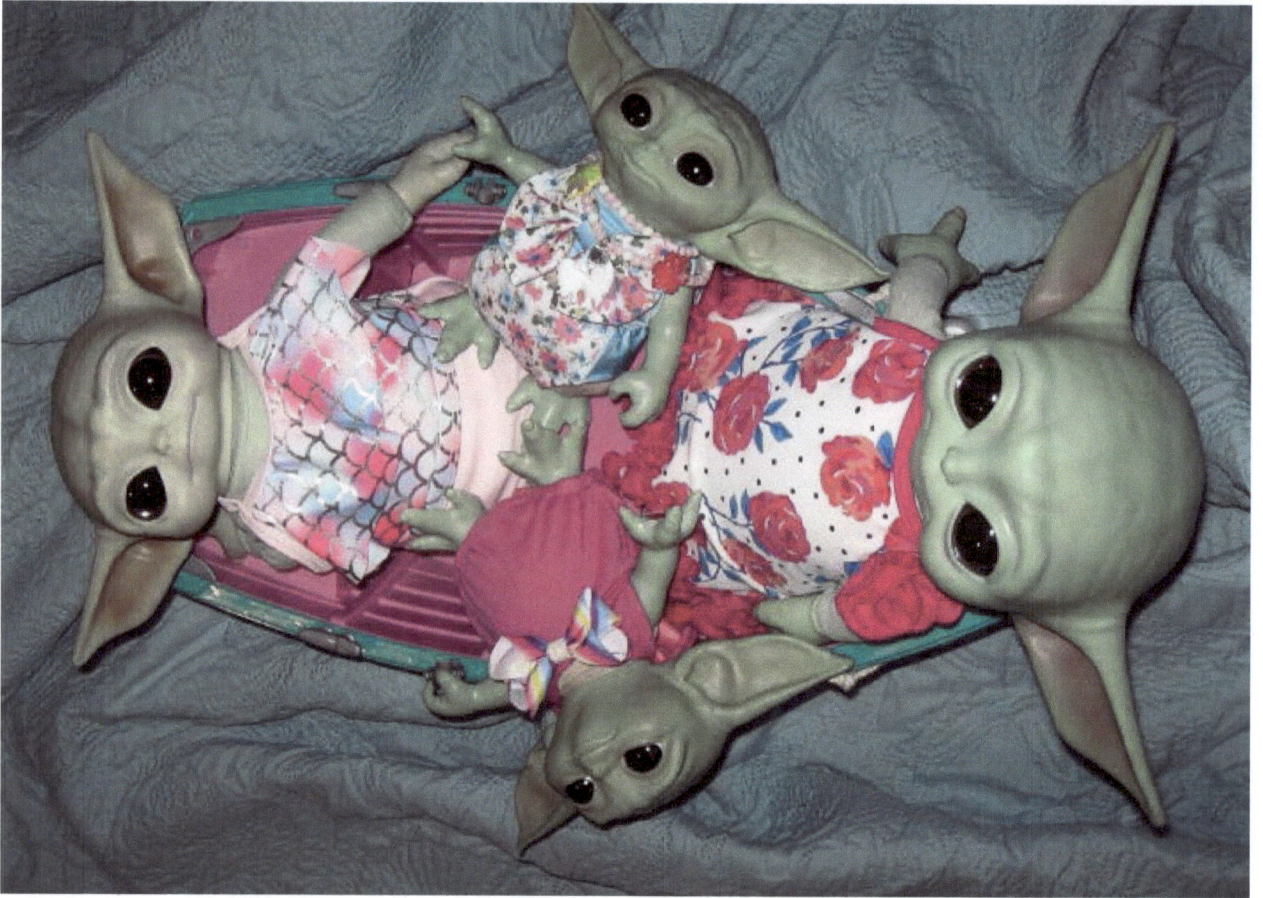

Plötzlich wird das Wasser ruhig. „Ich glaube, wir sind endlich aus der Strömung raus", sagt Rana. Sunflower stimmt zu: „Ich denke, wir sollten uns entspannen und herausfinden, wo wir sind."

„Daisy, du siehst ein bisschen grün aus", sagt Sunflower. „Sunflower, mir ist nicht so gut", sagt Daisy. „Das ist okay, das passiert jedem mal. Du wirst schon wieder, deine große Schwester ist da", sagt Sunflower. Rana sagt: „Oh nein, Polli, wirst du auch krank?" „Rana, wenn ich Daisy anschaue, wird mir auch schlecht", sagt Polli.

Alle vier Mädchen lehnen sich entspannt zurück. Harley, der Tigerfisch, schwimmt herbei. „Seid ihr okay, Mädels? Ich hab gesehen, was ihr durchgemacht habt. Das war heftiger als sonst. Ich bin froh, dass ihr nicht aus dem Boot gefallen seid."

Rana sagt: „Ich glaube, uns geht es allen gut. Danke."

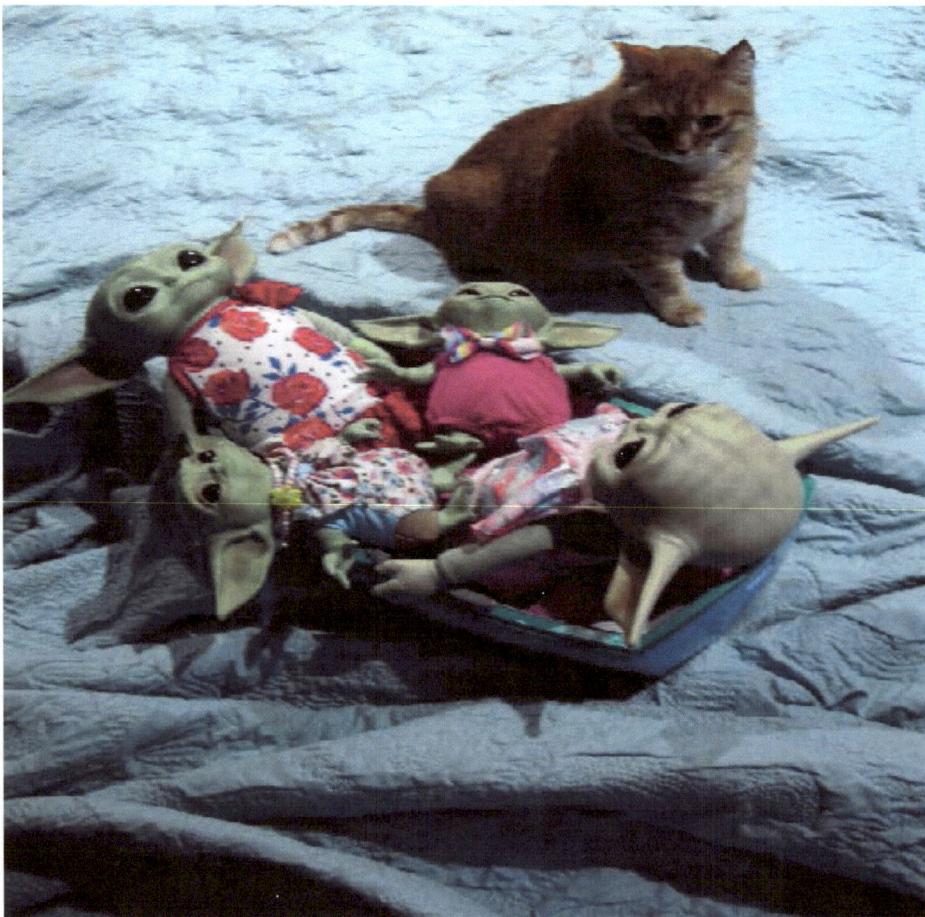

FROSCHINSEL

„Polli, ich glaube, ich höre Quaken. Ich wünschte, wir könnten das Boot schneller fahren", sagt Sunflower.

Je näher wir der Insel kommen, desto lauter wird das Quaken.

Polli sagt: „Ich glaube, sie versuchen uns zu zeigen, wo wir hin sollen."

„Ich glaube, du hast recht, Polli", sagt Sunflower.

„Wartet, ich kann nichts sehen!", schreit Daisy.

„Ist das besser, Daisy?“

„Ja, danke.“

Die Mädchen sind so glücklich, auf der Insel angekommen zu sein.

Rana ruft: „Hallo! Können wir an Land kommen?“

Sie sehen so viele Frösche und steigen schnell aus dem Boot.

„Ich bin Cody McRibbit, das ist meine Frau Jessi. Darf ich euch April Hopit vorstellen? Justin Jumpy und Andrew Surfer. Dort drüben sind Jasper und Jerrod." „Darf ich fragen, wer ihr seid?"

„Ich bin Rana, das ist meine kleine Schwester
Polli, das ist Sunflower und ihre kleine Schwester
Daisy. Ich habe von eurer Insel geträumt, wir
lieben Frösche und wollten eure Insel besuchen."
„Wir freuen uns immer über neue Freunde",
sagt Jessi.

April sagt: „Wir machen gerade ein Barbecue, wollt ihr mitmachen?" Die Mädchen sagen alle zusammen: „Ja, klar. Wir lieben Barbecue."

„April, ich kann nicht glauben, wie viel Essen du hast, und es sieht alles so lecker aus", sagt Rana.

„Schau mal, was Cody da alles kocht", sagt Rana.

Cody sagt: „Wir lieben es, Zeit zusammen zu verbringen, und BBQ macht es noch besser." Sunflower beschließt, sich hinzulegen und sich von ihrem Abenteuer zu erholen. April hört Sunflower murmeln: „Ich kann nicht glauben, dass wir es heil hierher geschafft haben.

Rana, sieht so aus, als hätten Daisy und Polli ein paar neue Freunde gefunden, Justin und Andrew", sagt Jessi. „Ja, stimmt. Es sieht so aus, als wolle Andrew mit ihnen surfen gehen und Justin Frisbee spielen." „Das ist nichts Neues, das ist alles, was die beiden Jungs jemals machen wollen", sagt Jessi.

Rana lacht und sagt: „Polli will immer etwas Neues ausprobieren." „Das glaube ich dir gern, schau dir nur das Abenteuer an, das ihr vier gerade erlebt habt. Ihr Mädchen seid sehr mutig", sagt Jessi. „Danke, Jessi. Es hat viel Spaß gemacht, aber die Strömung war sehr beängstigend", sagt Rana. „Ich glaube, wir haben Sunflower ein paar Mal einen Herzinfarkt verpasst", sagt Rana.

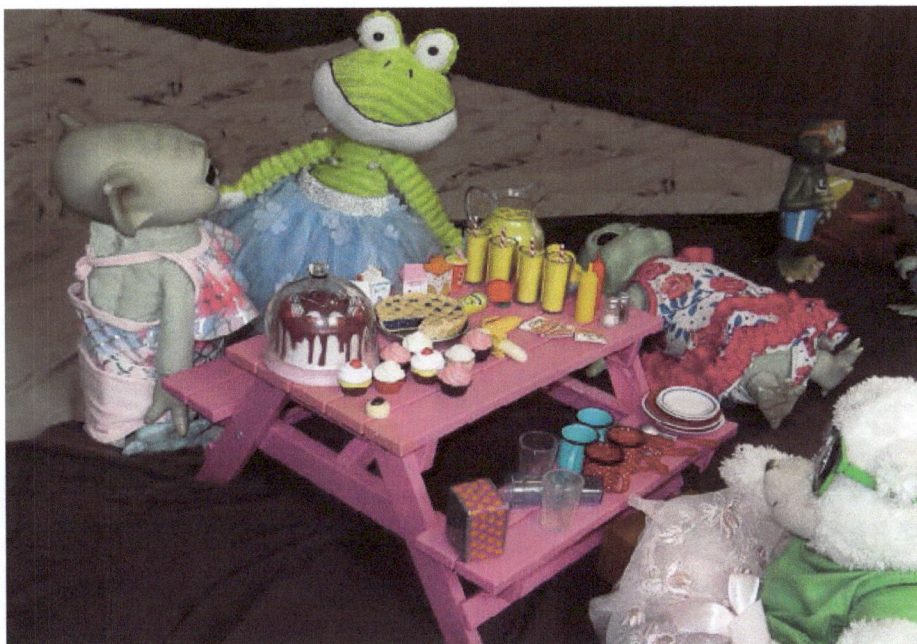

„Das habe ich gehört, Rana, und es war nicht lustig, als ich vom Tafelberg gefallen bin", sagt Sunflower. Rana fängt an zu lachen...

Nach vielen Stunden mit Essen, Lachen und Spielen wird es langsam dunkel. Sunflower ruft Polli und Daisy zu: „Es wird spät und wir haben noch einen langen Weg nach Hause vor uns." Polli und Daisy sagen: „Können wir nicht noch länger bleiben? Wir haben so viel Spaß!" „Nein, wir müssen los."

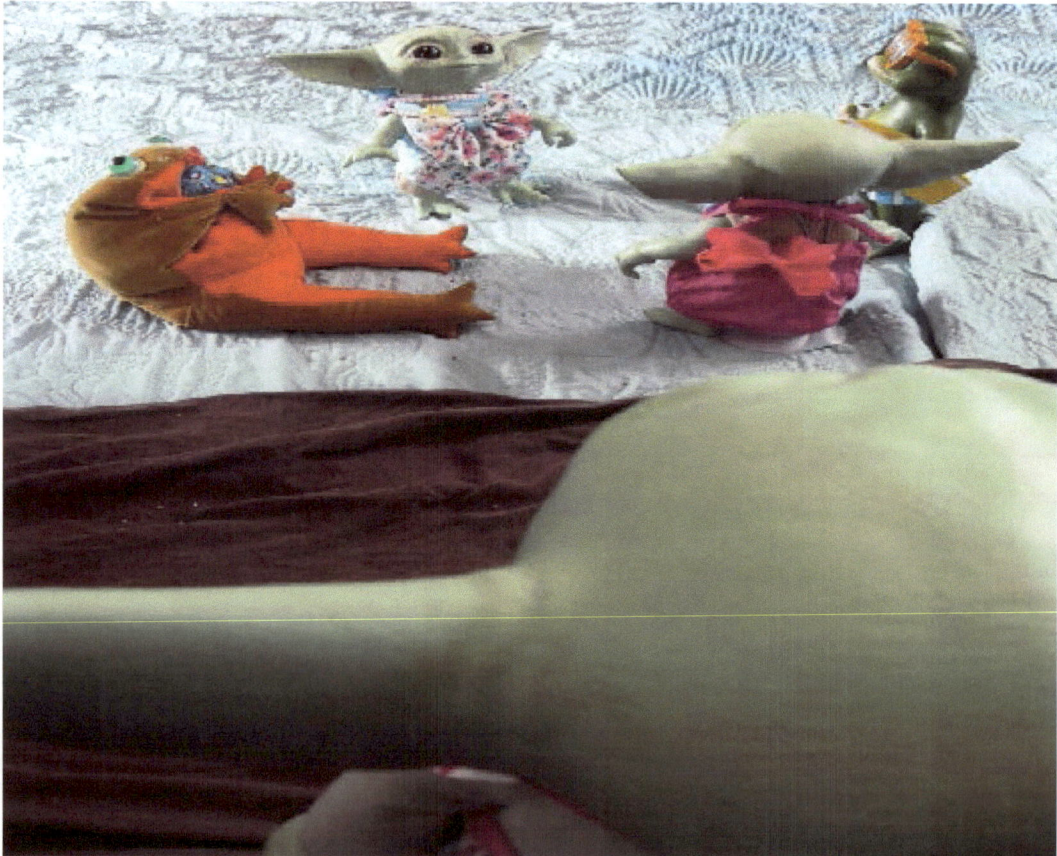

Cody sagt: „Ihr Mädchen seid schon sehr lange weg, ich weiß, dass eure Mütter euch vermissen. Bevor du gehst, haben Jessi und ich ein Geschenk für dich, damit du jederzeit wiederkommen kannst, wenn du Lust hast. Die Mädchen versammeln sich um Cody und Jessi. Cody gibt den Mädchen einen Reifen und sagt: „Das ist kein normaler Reifen, sondern ein Wunschreise-Reifen."

Polli schaute Sunflower an. „Wovon redet Cody?" Sunflower sagte: „Polli, hör einfach Cody zu, er wird dir alles erklären."

„Polli, was ich mit einem Wunschreise-Reifen meine, ist, dass er dich an jeden Ort bringt, an den du möchtest, und dich auch wieder zurückbringt. So kannst du zurückkommen und uns besuchen oder überall hingehen, wo du möchtest", erklärte Cody.

„Cody, wie können wir Donovans Boot zurückbringen?", fragt Rana. Cody sagt: „Rana, wir können das Boot in den Reifen stecken und zurück zu Donovan schicken. Wir legen eine Nachricht dazu, damit Donovan weiß, wie er den Reifen zurückbekommt."

Rana holt ihr Notizbuch aus dem Boot und schreibt eine Nachricht an Donovan. Lieber Donovan, wir haben es zur Froschinsel geschafft und haben eine tolle Zeit. Cody und Jessi McRibbit haben uns einen Wunschreise-Reifen gegeben. Wir wollten dir deinen Boot zu dir. Sobald du dein Boot aus dem Reifen befreit hast, schick den Reifen bitte an uns zurück.

Alles, was du tun musst, ist, in den Reifen zu sagen: „Bitte fahr zur Froschinsel. Wir sehen uns bald. Vielen Dank für alles, Rana, Polli, Sunflower und Daisy. Cody legt den Reifen um das Boot. Rana legt die Notiz ins Boot. „Cody, was machen wir als Nächstes?

Cody sagt: „Rana, leg die Nachricht ins Boot und steig aus dem Reifen.""

„Jetzt müsst ihr vier euch an den Händen halten und in den Reifen sprechen: ‚Bitte bring dieses Boot zurück zu Donovan Dragon'", sagt Cody zu den Mädchen. „Sobald sie den Satz beendet haben, verschwindet der Wunschreifen blitzschnell.

Daisy sagt: „Wow, das ging schnell." In nur wenigen Minuten taucht der Reifen wieder neben Cody auf. Daisy sagt: „Das ging schnell, aber ich glaube, wir müssen jetzt nach Hause gehen."

„Daisy, es ist Zeit für euch Mädchen, nach Hause zu gehen. Aber denkt daran, ihr könnt jederzeit wiederkommen", sagt Jessi. „Wir können es kaum erwarten, euch wiederzusehen."

Rana, Sunflower, Daisy und Polli steigen in den Wunschreifen. Cody sagt: „Denkt daran, ihr müsst nur Händchen halten und sagen, wohin ihr wollt."

Sunflower, Rana, Polli und Daisy halten sich an den Händen und sagen: „Wir wollen nach Hause." Der Wunschreifen und die vier Mädchen verschwinden von der Froschinsel und tauchen plötzlich neben dem Clubhaus auf. Als sie aus dem Wunschreifen steigen, sagen sie alle: „Wow, schaut mal, wir sind wieder zu Hause!"

„Das war ein toller Tag, wo sollen wir als Nächstes hingehen?", fragt Polli. Während die Mädchen vom Reifen weggehen, fragen sie die Leser: „Wenn du irgendwohin gehen könntest, wohin würdest du mit deinem Wunschreifen reisen?"

www.ingramcontent.com/pod-product-compliance
Lightning Source LLC
Chambersburg PA
CBHW061139030426
42335CB00002B/45